Je remercie Monsieur Haffner,
du Muséum national d'Histoire naturelle,
pour le regard avisé qu'il a porté sur ce projet.
A. V.

Illustration de la couverture : Emmanuelle Etienne
et François Desbordes (tigre et manchot)

Loi n° 49.956 du 16 juillet 1949
sur les publications destinées à la jeunesse.

ISBN : 978-2-09-251793-2
N° d'éditeur : 10145331 - Dépôt légal : avril 2008
Imprimé en Italie

questions 3/6 ans réponses

Les animaux sauvages

Texte d'**Agnès Vandewiele**
Illustrations d'**Emmanuelle Etienne**

Nathan

Le désert d'Australie

Le koala, le kangourou et l'ornithorynque sont d'étranges animaux : ils n'existent dans aucun autre pays !

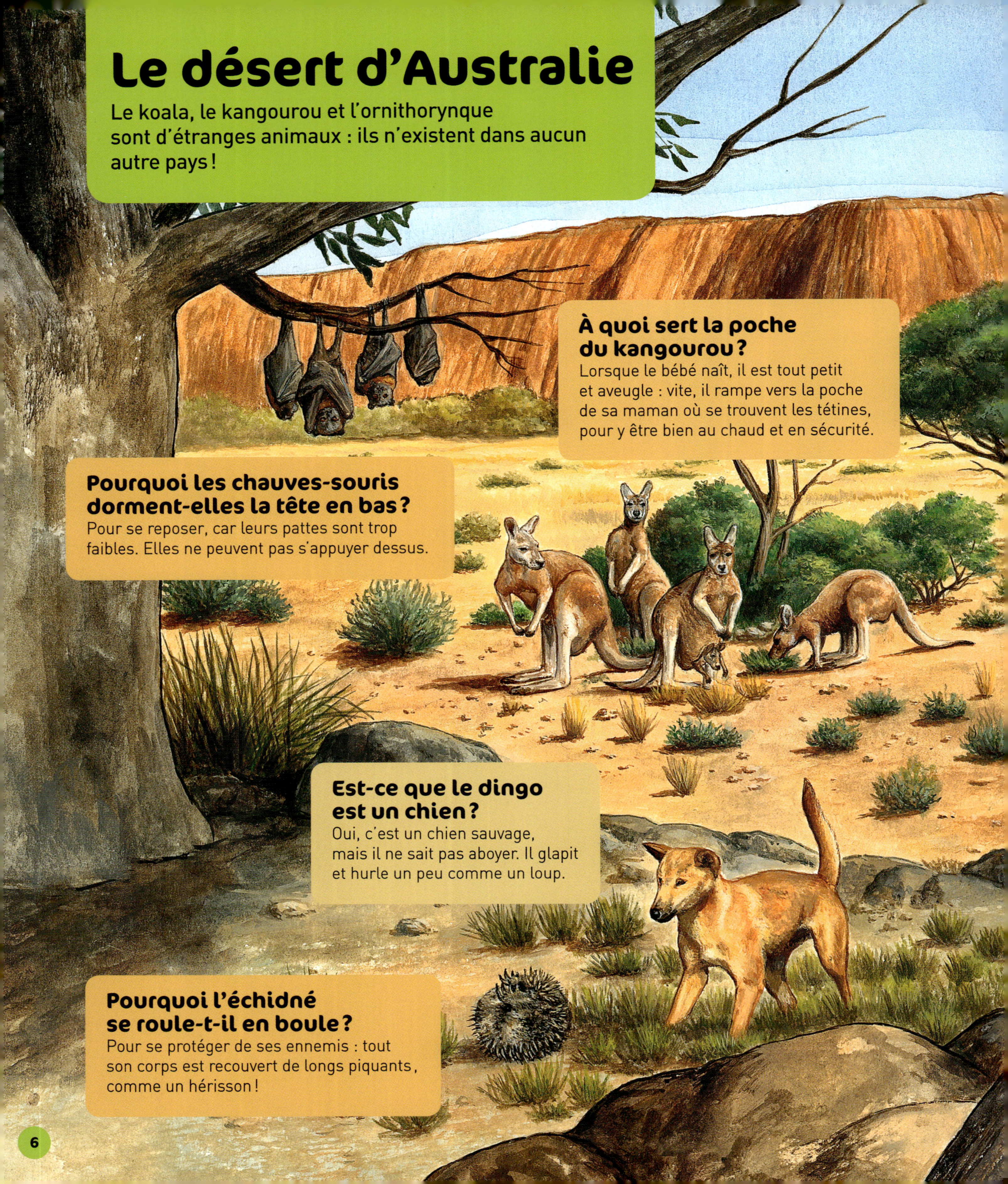

À quoi sert la poche du kangourou ?

Lorsque le bébé naît, il est tout petit et aveugle : vite, il rampe vers la poche de sa maman où se trouvent les tétines, pour y être bien au chaud et en sécurité.

Pourquoi les chauves-souris dorment-elles la tête en bas ?

Pour se reposer, car leurs pattes sont trop faibles. Elles ne peuvent pas s'appuyer dessus.

Est-ce que le dingo est un chien ?

Oui, c'est un chien sauvage, mais il ne sait pas aboyer. Il glapit et hurle un peu comme un loup.

Pourquoi l'échidné se roule-t-il en boule ?

Pour se protéger de ses ennemis : tout son corps est recouvert de longs piquants, comme un hérisson !

Pourquoi le lézard a-t-il une collerette ?

Pour faire peur à son ennemi ! Quand il se sent menacé, il la déploie, pousse des sifflements et ouvre grand sa gueule.

Pourquoi le petit koala s'accroche-t-il à sa maman ?

Parce qu'il est trop grand pour rester dans la poche de sa maman, mais encore trop petit pour se débrouiller tout seul et grimper dans les arbres.

Pourquoi l'ornithorynque a-t-il un bec plat ?

Avec son bec de canard, il peut rechercher au fond de l'eau boueuse les petites bêtes et les plantes qu'il mange.

Le désert du Sahara

Pour survivre malgré la chaleur étouffante et la rareté de l'eau et des végétaux, les animaux se sont adaptés à ces conditions difficiles !

Pourquoi le fennec a-t-il de grandes oreilles ?
Larges et minces, elles lui permettent d'évacuer la chaleur de son corps.

À quoi sert l'aiguillon au bout de la queue du scorpion ?
À se défendre, mais aussi à attaquer : il contient du venin qui paralyse sa victime, puis la tue.

Pourquoi la gerboise a-t-elle de longues pattes ?
Ses pattes arrière, quatre fois plus longues que ses pattes avant, lui servent à faire des bonds de 2 mètres pour mieux échapper à ses ennemis, comme le chat.

Qu'y a-t-il dans la bosse du dromadaire ?

C'est une réserve de graisse qui lui fournit son énergie lorsqu'il fait de longs voyages sans eau et sans nourriture.

Pourquoi le varan sort-il la langue ?

Pour chasser ! Comme elle est très sensible aux odeurs, il la sort toutes les secondes afin de repérer la présence d'autres animaux.

Comment survivre sans eau ?

La plupart des animaux du désert se désaltèrent grâce à l'eau contenue dans le sang des proies qu'ils mangent ou dans les plantes qu'ils broutent.

la gazelle

Quelle est la différence entre un chameau et un dromadaire ?

Il existe deux sortes de chameaux : le chameau à deux bosses, qu'on trouve en Asie, et le chameau à une bosse, qu'on appelle aussi « dromadaire ».

le chameau

le dromadaire

La savane

Dans les vastes prairies d'Afrique, zèbres, girafes et éléphants se nourrissent de plantes : ce sont des herbivores. Les grands fauves, eux, préfèrent la viande : ce sont des carnivores !

Pourquoi la girafe a-t-elle un long cou ?

Son cou de 2 mètres de long lui permet de manger les plus hautes feuilles des acacias, à 6 mètres au-dessus du sol !

Les zèbres ont-ils tous les mêmes rayures ?

Non, aucun zèbre n'a les mêmes rayures : on pense qu'elles les aident à se reconnaître entre eux.

À quoi sert la trompe de l'éléphant ?

À respirer, à cueillir des feuilles et les mettre dans sa bouche, à boire et à se doucher, mais aussi à faire des câlins !

Le guépard court-il aussi vite qu'une voiture ?

Oui : il peut atteindre la vitesse de 110 km/h pendant une dizaine de secondes. C'est le plus rapide de tous les animaux !

Pourquoi le lion a-t-il une crinière ?

Elle protège sa nuque quand il se bat avec d'autres lions pour défendre son territoire.

Pourquoi l'hippopotame aime-t-il les bains de boue ?

Lorsque la boue sèche sur sa peau, elle forme une croûte qui le protège des piqûres d'insectes.

La hyène est-elle vraiment méchante ?

Comme tous les animaux, elle n'est ni gentille, ni méchante, mais c'est un chasseur redoutable qui n'hésite pas à voler les proies des lions et à manger les cadavres d'animaux.

La forêt tropicale d'Afrique

Les gorilles vivent en groupe, dans des forêts humides. Ils passent la matinée à chercher de la nourriture, puis ils se reposent. Et l'après-midi, ils repartent à la cueillette.

Comment reconnaît-on le mâle de la femelle ?

Le mâle est 2 fois plus gros que la femelle. Il peut mesurer 2 mètres de haut et peser 200 kilos.

La maman s'occupe-t-elle de son petit ?

Oui, le bébé tète sa maman et dort avec elle. À 4 mois, il se déplace à quatre pattes et commence à grignoter des feuilles. Il reste avec elle jusqu'à 3 ou 4 ans.

Où dorment-ils ?

Dans un nid de feuilles et de branchages installé sur le sol : chaque soir, ils en construisent un nouveau !

Est-ce qu'il y a un chef ?

Oui, c'est le mâle le plus âgé : il défend le groupe. On l'appelle « dos argenté » à cause de sa fourrure qui est devenue gris clair.

Pourquoi s'examinent-ils les poils ?

Pour retirer les poux de leur fourrure. C'est aussi un geste d'affection.

Pourquoi le gorille se frappe-t-il la poitrine ?

Pour faire peur à son ennemi. Il pousse aussi des cris et lui lance des plantes à la figure jusqu'à ce qu'il prenne la fuite.

Quel est le repas préféré des gorilles ?

Des feuilles, des fruits, des écorces d'arbres, mais ils se régalent aussi avec des chardons, du céleri sauvage et… des orties !

La forêt amazonienne

On y trouve une multitude d'animaux.
Certains ne quittent pas le sol, d'autres sont toujours perchés dans les arbres. Chacun vit à son étage !

À quoi sert le long museau du fourmilier ?
À se nourrir ! Il lui permet d'attraper ses proies au fond des fourmilières et des termitières.

Comment le boa tue-t-il sa proie ?
Il s'enroule autour d'elle et resserre peu à peu ses anneaux jusqu'à l'étouffer.

Quelle différence y a-t-il entre un caïman et un crocodile ?
Le caïman, comme ici en Amazonie, a un museau court et large, tandis que le crocodile est reconnaissable à la grande dent qui dépasse de sa mâchoire inférieure.

Le paresseux est-il vraiment paresseux ?

Il est surtout très lent et reste accroché à la même branche plusieurs jours d'affilée. Il ne se réveille que 2 heures par jour !

Pourquoi le toucan a-t-il un gros bec ?

Il s'en sert pour cueillir des fruits et les manger. Parfois, il en lance un en l'air et le rattrappe pour l'avaler tout rond !

Quel est le singe le plus petit ?

C'est le ouistiti pygmée, appelé aussi « ouistiti mignon ». Il tient dans le creux de la main, il mesure 12 à 15 centimètres seulement.

Comment la mygale se défend-elle ?

En projetant sur son ennemi des poils piquants qui grattent. Elle peut aussi mordre.

La forêt tempérée

À la tombée de la nuit, cerfs, renards, chouettes et sangliers partent chasser ou chercher leur repas dans le sous-bois.

À quoi sert le groin du sanglier ?

À fouiller le sol pour trouver des glands, des champignons et des petits animaux cachés sous les feuilles mortes. Il a un très bon odorat !

Est-ce que les bois du cerf sont en bois ?

Non, ils sont faits dans la même matière que les os. Seul le mâle en a. Chaque année, ils tombent en hiver et repoussent au printemps.

Pourquoi la chouette peut-elle chasser la nuit ?

Ses très grands yeux captent la moindre lumière. Grâce à sa vue perçante et son ouïe très fine, c'est une redoutable chasseuse !

Comment le renard attrape-t-il ses proies ?

Comme il entend très bien grâce à ses grandes oreilles, il repère exactement les petits rongeurs au bruit qu'ils font, même dans la nuit. Et tout à coup, il bondit sur eux.

Le putois sent-il mauvais ?

Quand il se sent menacé, il lève la queue et envoie une odeur très désagréable à son ennemi. Ainsi, il peut en profiter pour s'enfuir.

Pourquoi l'écureuil cache-t-il ses noisettes ?

Pour faire des provisions avant l'hiver. Il renifle les noisettes, puis les enterre profondément dans le sol. L'hiver venu, il retrouve ses cachettes grâce à son flair. Mais parfois, cet étourdi les oublie !

Comment le castor construit-il sa maison ?

Avec ses dents tranchantes, il coupe des branches, puis il les porte dans sa mâchoire au bord d'une rivière où il va construire sa hutte. Il aménage une entrée sous l'eau, à l'abri des prédateurs.

La forêt de Chine

Les pandas vivent dans les forêts de bambous : c'est leur principale nourriture. Mais ils ne sont plus très nombreux sur Terre : il faut les protéger !

À quoi lui sert son sixième doigt ?

Ce pouce lui permet de casser les tiges de bambous et de bien les tenir pour les manger.

Est-ce qu'il ne mange que du bambou ?

Il lui arrive parfois de manger un petit animal, mais il passe presque tout son temps à se nourrir de bambou : jusqu'à 30 kilos par jour !

Le panda est-il un ours ?

Il fait partie de la même famille mais, contrairement à lui, il n'est pas carnivore et n'hiberne pas en hiver.

Pourquoi a-t-il des taches ?

C'est un mystère ! Peut-être pour se camoufler quand il est perché sur un arbre. Le noir se confond alors avec les branches et le blanc avec le ciel.

Les pandas aiment-ils s'amuser ?

Ils grimpent dans les arbres et font des galipettes : ce sont de vrais acrobates !

Est-ce que le bébé a des taches ?

Non, il est tout rose ! À 9 jours, ses poils commencent à pousser, mais les taches noires et blanches n'apparaissent qu'au bout de 20 jours.

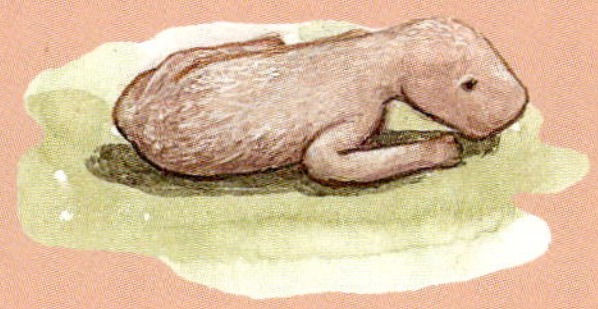

9 jours

20 jours

Tous les pandas sont-ils pareils ?

Non, le petit panda ressemble à un raton laveur. Sa queue touffue lui sert d'oreiller et de couverture.

Les montagnes

La vie des animaux est rythmée par les saisons : en hiver, les marmottes et les ours dorment profondément. Quand il commence à faire beau, ils partent à la recherche de nourriture.

Pourquoi l'aigle a-t-il de si grandes griffes ?

Pour saisir ses proies et les emporter jusqu'à son nid où il les dévore. Il peut soulever une marmotte, un lièvre et même un jeune chamois !

Comment fait le chamois pour ne pas tomber ?

Grâce aux deux sabots qui forment comme une pince au bout de chacune de ses pattes. Ils lui permettent de s'accrocher aux rochers pointus.

L'ours brun est-il gourmand ?

Oui, il mange des insectes, des poissons, des fruits, et quand il trouve une ruche, il creuse un trou dedans avec ses grandes griffes pour se régaler du miel des abeilles !

Y a-t-il un chef chez les loups ?

Oui, c'est celui qui est le plus fort. Lui seul dans la meute a le droit de faire des petits, avec la louve de son choix.

Pourquoi le yack a-t-il de longs poils ?

Son épaisse fourrure laineuse est composée de deux couches de poils : un court duvet qui emprisonne l'air chaud près de la peau et de longs poils. Quand viennent les beaux jours, le yack perd son pelage : on dit qu'il mue. Mais ses poils repousseront dès qu'il fera plus froid.

Pourquoi le lama crache-t-il ?

Pour se défendre lorsqu'il est dérangé. Parfois, quand les lamas se disputent, il leur arrive de se lancer des crachats au lieu de se battre.

La marmotte dort-elle beaucoup ?

Oui ! Dès qu'il fait froid, elle s'enferme dans son terrier et dort pendant 6 mois : on dit qu'elle hiberne. Au printemps, quand elle se réveille, elle a donc très faim et se gave d'herbe.

La forêt tropicale d'Asie

La tigresse du Bengale élève seule ses petits.
Elle les surveille de près tandis qu'ils jouent. La nuit, elle va chasser pour ramener de quoi manger.

Pourquoi la maman attrape-t-elle son petit par le cou ?
Pour le ramener près d'elle s'il s'éloigne trop ou s'il est en danger, mais ça ne lui fait pas mal du tout !

Les petits restent-ils longtemps avec leur mère ?
Quand elle a d'autres petits, la maman ne s'occupe plus d'eux. Vers 2 ans, ils partent donc vivre seuls, mais ils savent déjà se débrouiller et chasser.

Le tigre aime-t-il l'eau ?
Oui, il va boire dans la rivière, y prend des bains pour se rafraîchir, et peut nager sur plusieurs kilomètres. Parfois, il attrape des poissons avec la patte.

Pourquoi le tigre est-il rayé ?

Pour se cacher dans les hautes herbes. Grâce à ce camouflage, il s'approche de ses proies sans être vu.

Les petits sont-ils sages ?

Ils jouent entre eux à se battre, font des galipettes, grognent et se poursuivent : ils s'entraînent ainsi à la chasse.

Pourquoi le tigre rugit-il ?

Pour intimider son adversaire lors d'un combat. Il lui arrive aussi de rugir lorsqu'il vient de tuer une proie ou quand il cherche une femelle.

Les bébés tigres sont-ils comme des chats ?

Comme les bébés chats, ils tètent leur maman en piétinant son ventre avec leurs pattes, mais ils ont déjà la taille d'un chat adulte et deviendront bien plus grands !

Cherche dans l'image !

Les océans

De grands mammifères marins nagent dans les eaux bleues de l'océan, parmi les coraux et les poissons multicolores.

Pourquoi la baleine fait-elle des jets d'eau ?
Lorsqu'elle remonte à la surface pour respirer, elle rejette de l'air par de petits trous sur sa tête et cela forme comme un jet d'eau.

Pourquoi la pieuvre a-t-elle tant de bras ?
Ses 8 tentacules munis de ventouses lui servent à s'agripper sur les rochers et à attaquer des proies.

Les requins sont-ils dangereux ?
Pas tous. Le requin-tigre est un redoutable chasseur. Mais le requin-baleine, le plus gros de tous, ne mange que des petits poissons et des crustacés.

Pourquoi les dauphins sautent-ils hors de l'eau ?

Parce qu'ils aiment jouer. Certains sont de vrais acrobates et font des bonds de plusieurs mètres.

À quoi sert la carapace de la tortue ?

À se protéger de ses ennemis : recouverte d'écailles, elle lui sert d'abri en cas de danger !

Tout au fond, est-ce qu'il y a des poissons ?

Oui, on y trouve d'étranges poissons. Comme il fait tout noir, le grandgousier a une sorte de lampe au bout de sa queue pour attirer ses proies. Sa gueule est immense et son estomac est extensible pour avaler des bêtes plus grosses que lui.

Est-ce que l'hippocampe est un poisson ?

Oui, c'est un poisson dont le corps est recouvert de plaques osseuses. Il nage debout, grâce à ses toutes petites nageoires.

La banquise

Au pôle Nord règne un froid glacial. Sur la banquise, la couche de glace qui couvre l'océan, un ours guette les phoques qui viennent respirer à la surface.

Pourquoi l'ours blanc est-il blanc ?

Pour se camoufler et approcher ses proies sans être vu. De plus, ses poils retiennent bien la chaleur du soleil car ils sont transparents et creux.

Pourquoi le phoque n'a-t-il pas froid dans l'eau glacée ?

Parce qu'il a sous sa peau une épaisse couche de graisse. Elle lui tient chaud et lui permet aussi de bien flotter dans l'eau.

Pourquoi les morses ont-ils des défenses ?

Elles leur servent à se battre, mais ils les utilisent aussi comme un crochet pour se hisser sur la banquise.

Comment le bélouga chasse-t-il ?

Il émet des sons brefs, comme des cliquetis : ces ondes, renvoyées par ses proies, lui permettent de les repérer.

À quoi sert la dent du narval ?

Cette dent torsadée peut mesurer jusqu'à 3 mètres de long : c'est une arme lors des combats entre mâles.

Quelle différence y a-t-il entre un manchot et un pingouin ?

Les pingouins vivent au pôle Nord et savent voler alors que les manchots du pôle Sud ne savent pas voler.

Pourquoi les manchots font-ils des glissades ?

Les manchots sont maladroits sur terre : ils se dandinent d'une patte sur l'autre, alors ils aiment se laisser glisser sur le ventre ou nager.

Le sais-tu ?

Les perroquets parlent-ils vraiment ?

Non, mais ils savent très bien imiter la parole humaine, répéter des mots et même des phrases !

Qui pond les plus gros œufs ?

L'autruche : ses œufs sont 24 fois plus gros que ceux d'une poule et pèsent environ 1,5 kilo. Il faut plus d'une journée à l'autruchon pour sortir de sa coquille en la martelant avec son bec.

Pourquoi le caméléon change-t-il de couleur ?

Pour se cacher de ses ennemis ou de ses proies. Lorsqu'il prend la couleur de son environnement, il devient « invisible ». C'est aussi une façon de communiquer avec d'autres caméléons.

Pourquoi le rhinocéros a-t-il des cornes ?

Ce sont des armes lors des combats entre mâles pour une femelle. Selon les espèces, les rhinocéros ont une ou deux cornes, qui peuvent mesurer jusqu'à 1,5 mètre de long.

Le chimpanzé est-il malin ?

Oui, il sait fabriquer et utiliser des outils : il peut casser des noix avec une pierre et faire sortir des termites de leur cachette à l'aide d'une brindille. C'est l'animal le plus proche des êtres humains.

Les piranhas sont-ils féroces ?

Oui, lorsqu'ils chassent en groupe, ils peuvent s'attaquer à des proies plus grosses qu'eux : de gros rongeurs, ou même des chevaux ! Ils les déchiquètent avec leurs dents coupantes.